Hallo FRÜHLING!

Wunderschöne
Kreativprojekte für
Frühling & Ostern

**ZUM VERSCHENKEN
& DEKORIEREN**

Vorwort

Die Temperaturen steigen, die ersten Blumen blühen, die Vögel zwitschern: Ja, der Frühling liegt sprichwörtlich in der Luft!

Es wird also Zeit, ihn ordentlich zu begrüßen. Und das geht am besten mit bunten, farbenfrohen und kreativen Projekten, die deine Wohnung, deinen Garten oder Balkon optisch so richtig aufblühen lassen.

Mit Schritt-für-Schritt-Anleitungen gelingen dir so wirklich tolle Deko- und Geschenkideen, die einfach Freude bereiten.

Also, ran an die Farben, Kleber, Stoffreste und Co. – lass uns den Frühling gebührend begrüßen!

Inhalt

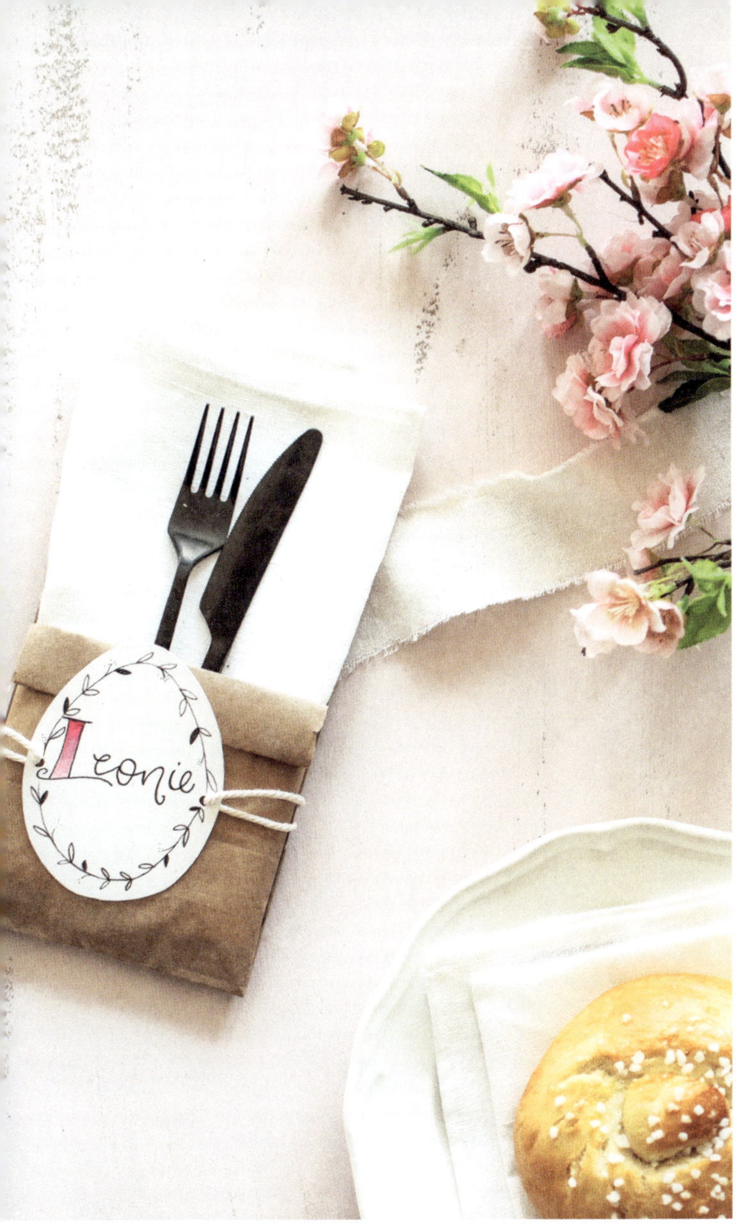

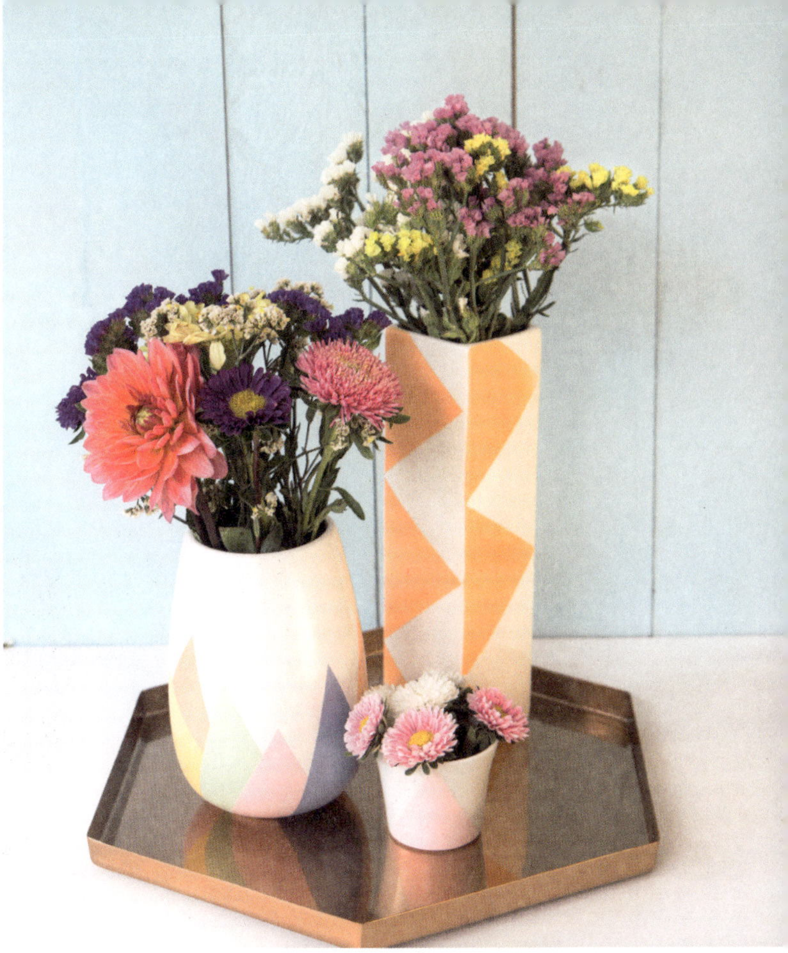

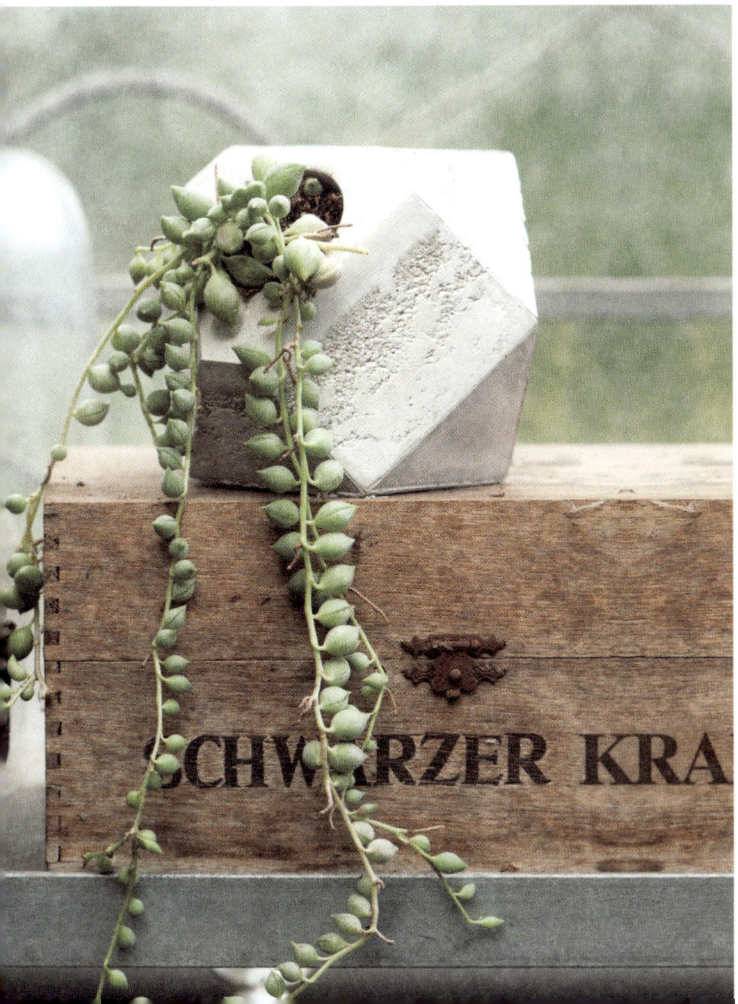

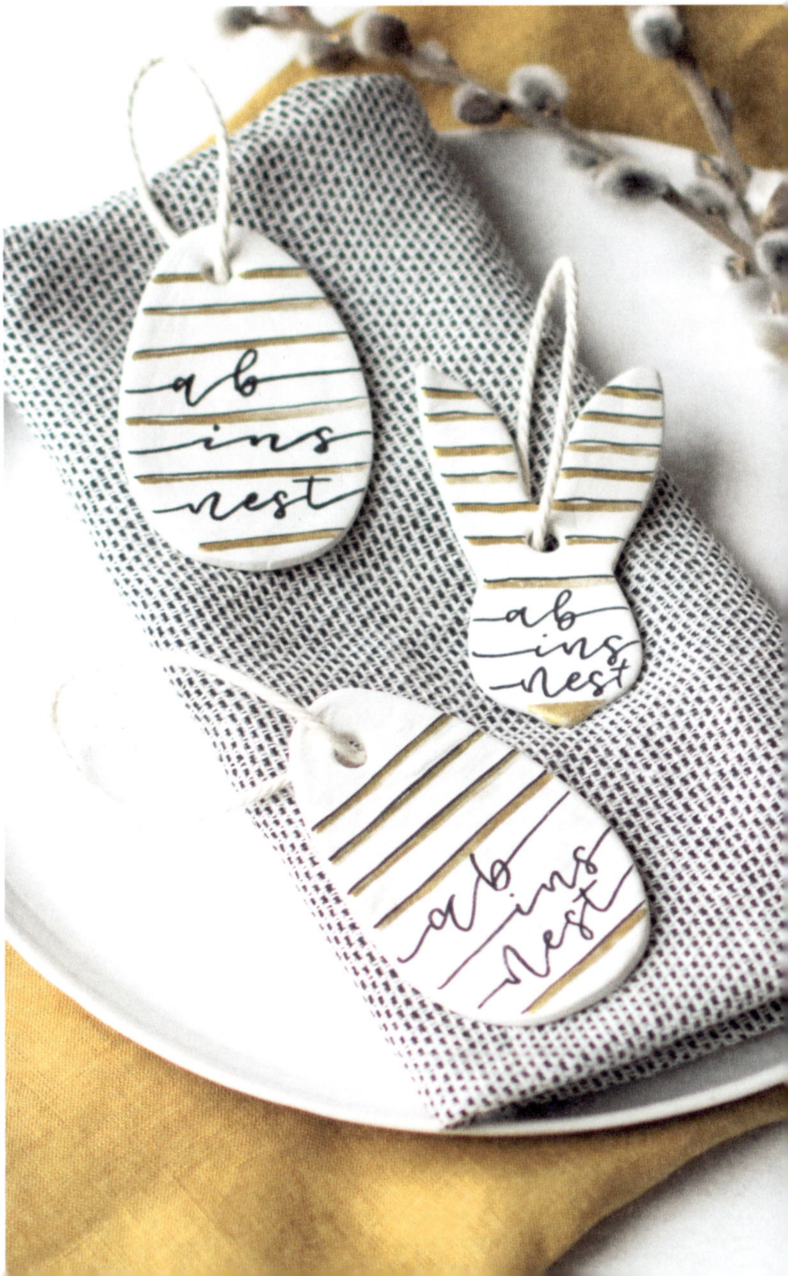

Zarter FLIEDERKRANZ

Tipp

Dieser Kranz sieht maximal ein bis zwei Tage lang schön aus, aber du kannst die Kranzbasis für weitere Kränze nutzen. Einfach die Blumenröhrchen deinstallieren und die welken Blätter abschneiden.

Im Mai, zur Blütezeit des Flieders, öffnen auch Apfelbäume ihre Blüten, und die biegsamen Lianen des Geißblatts treiben ihre Blätter aus. Eine perfekte Mischung, die sich wunderbar als schmückender Blumenkranz macht.

MATERIAL

- Blumenröhrchen, 4–5 Stück
- Gartenschere
- Papierummantelter Bindedraht, dünn
- Seitenschneider

- Pflanzen
- Apfelzweig, blühend, 2 Stück
- Flieder, 3 Zweige
- Geißblatt, 2 lange Triebe

1 Mit Papierdraht, Seitenschneider, Gartenschere und praktischen Blumenröhrchen, die deine Flieder- und Apfelblütenzweige mit Wasser versorgen, lässt sich ganz einfach ein frühlingshaft duftender Kranz binden.

2 Kürze die Apfelzweige mit einem schrägen Schnitt auf eine Länge, die gut in die Blumenröhrchen passt. Die Röhrchen danach mit Wasser befüllen, den flexiblen Deckel draufsetzen und zum Schluss den Zweig durch die enge Öffnung stecken.

3 Um den Wasserverbrauch der Fliederzweige zu reduzieren, entfernt man am besten alle grünen Blätter. Ihre Stiele schneidest du ebenfalls schräg an.

4 Flieder hat einen enormen Durst. Stecke seine Zweige deshalb in die bis zum Rand mit Wasser gefüllten Blumenröhrchen, um ihn frisch zu halten.

weiter geht's auf der nächsten Seite

5 Geißblatt gehört zu den Schlingpflanzen und besitzt deshalb sehr biegsame Triebe. Sie lassen sich ganz einfach zu einer Kranzform biegen und mit einem Stückchen Draht fixieren.

6 Verstecke die Blumenröhrchen mit dem Flieder zwischen den Trieben und Blättern der Kranzbasis. Verwende zum Festbinden auch hier wieder den Papierbindedraht.

7 Die Lücke zwischen dem Flieder wird nun mit den Apfelblüten gefüllt. Versuche, sie möglichst unsichtbar zwischen den anderen Zweigen zu verstecken.

8 Noch sichtbare Blumenröhrchen kannst du mit einem weiteren Apfelzweig und kleinen Triebstücken des Geißblatts kaschieren.

Tipp

Du kannst aus allem, was jetzt blüht einen Kranz binden. Vielleicht hast du noch ein paar leere Glasfläschchen? Dann kannst du sie z. B. als hängende Blumenvasen an deinen Kranz binden!

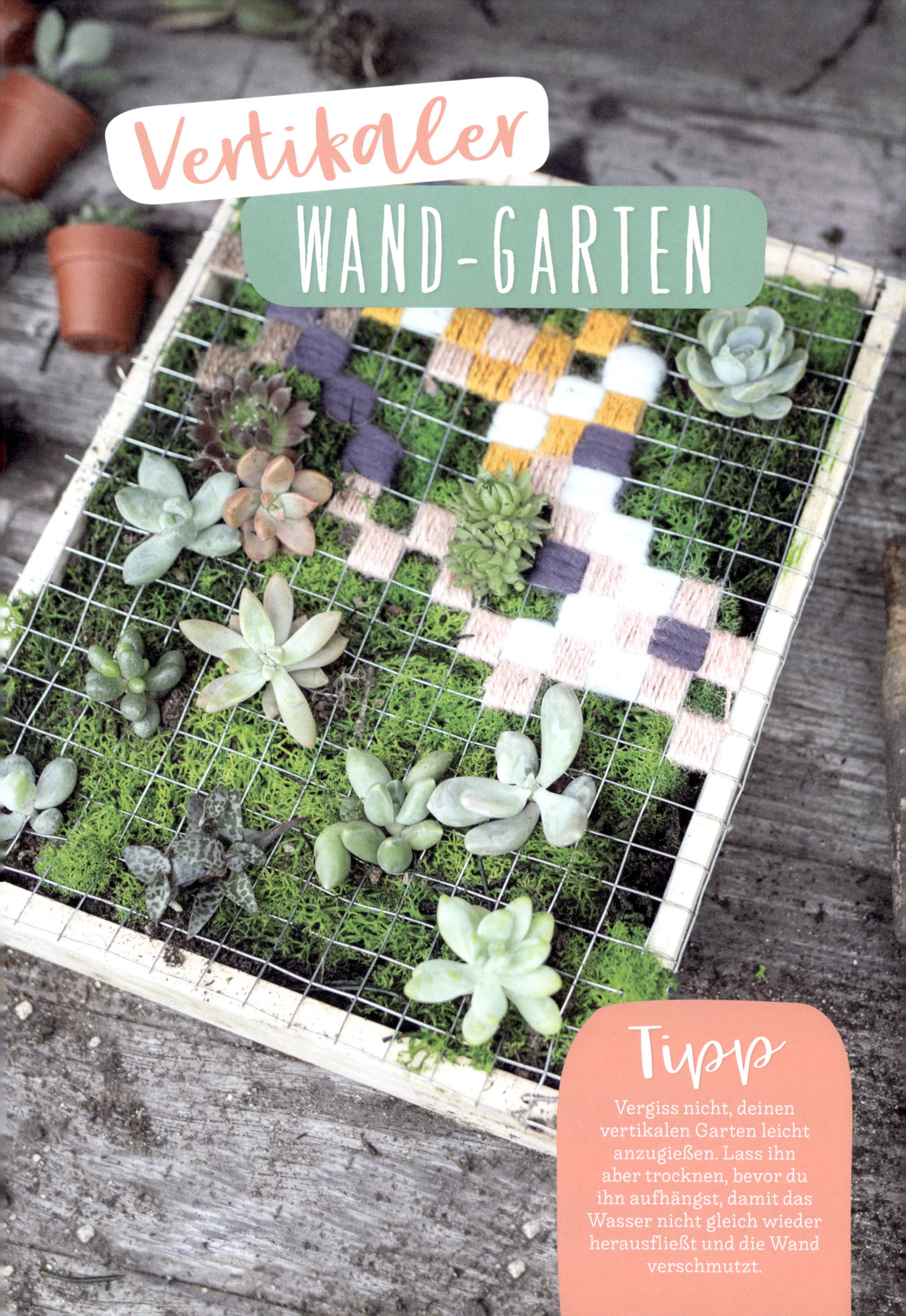

Vertikaler
WAND-GARTEN

Tipp

Vergiss nicht, deinen vertikalen Garten leicht anzugießen. Lass ihn aber trocknen, bevor du ihn aufhängst, damit das Wasser nicht gleich wieder herausfließt und die Wand verschmutzt.

Dieses kleine Garten-projekt ist auch etwas für Menschen ohne grünen Daumen. Sukkulenten und Kakteen sind pflegeleicht und brauchen sehr wenig Wasser. Mit einem gewebten Muster wird der vertikale Garten zum Trendsetter-DIY.

MATERIAL

- feines Drahtgitter, 30 x 23 cm
- Holzkiste, 28 x 21 cm, 5 cm tief
- Wollreste und Garne, verschiedene Farben
- Jutestoff, 27,5 x 20,5 cm
- 4 kleine Haken
- Kakteenerde

- Moos (echt oder aus dem Bastelladen)
- ca. 10 Mini-Sukkulenten oder Kakteen
- große Sticknadel
- Schere
- Zange
- Hammer
- Pflanzenstecher oder Schraubenzieher

1 Schneide das Drahtgitter im Format 30 x 23 cm zu. Achte darauf, dass der Rand etwas übersteht, damit du das Drahtgitter später leichter an der Holzkiste befestigen kannst.

2 Umwebe einzelne Felder des Gitters mit der großen Nadel und verschiedenen Garnfarben, sodass ein Pixelmuster nach deinem Geschmack entsteht. Verwahre die Fäden auf der Rückseite.

3 Den Jutestoff etwas kleiner als die Holzkiste zuschneiden, damit er gut auf dem Kistenboden als Unterlage platziert werden kann.

4 Befülle die Kiste mit der Kakteenerde und anschließend mit einer Schicht Moos, und zwar so, dass die Erde vollständig bedeckt ist.

5 Lege das Drahtgitter auf die Holzkiste und befestige es mit den vier Haken, die mit dem Hammer eingeschlagen werden. Lege den Rand des Gitters um den Holzrahmen und schneide ggf. überstehendes Gittermaterial mit der Zange ab, um Verletzungsgefahr zu vermeiden.

6 Bohre mit dem Pflanzenstecher Löcher in den Garten. Stecke die Pflanze (ohne Wurzel) in das vorgebohrte Loch. Drücke alles fest, damit nichts herausfällt. Ist eine Pflanze zu groß, kannst du den Draht etwas aufschneiden. Mit einem Stück Garn an zwei der eingeschlagenen Haken kannst du den Garten nun aufhängen.

Raffinierter BEISTELLTISCH

Ein kleines, feines Beistelltischchen, das im wildromantischen Spitzen-Dekor daherkommt bringt frischen Wind in jede Wohnung.

- Schnell-Estrich, Wasser
- Holzstab
- Plastikeimer
- großer Plastikbottich mit glattem Boden
- Armierungsgitter, Zange
- Häkeldeckchen, Ø gleich Bottichboden
- Silikonspray
- kleines Nierentischchen

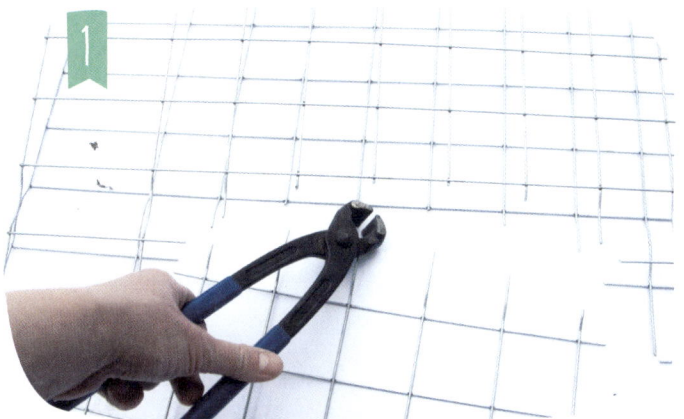

1 Schneide mit der Zange aus dem Armierungsgitter einen Kreis, welcher einen etwas kleineren Durchmesser als der Boden des Bottichs hat.

2 Sprüh das Häkeldeckchen mit dem Silikonspray von allen Seiten sorgfältig ein. Später lässt es sich dann leichter aus dem Beton lösen.

3 Lege das Deckchen auf den Boden des Bottichs und stelle das Armierungsgitter und das Tischchen griffbereit daneben. Mische den Beton nach Packungsanweisung an. Bedecke den Boden des Bottichs mit Beton, dabei gut aufpassen, dass sich das Häkeldeckchen nicht verschiebt. Dann legst du das Armierungsgitter ein und gießt noch etwas Beton nach. Zum Schluss das Tischchen in die Mitte des Bottichs einlassen.

4 Den Mokka Table etwa drei Tage gut durchhärten lassen und dann vorsichtig aus dem Bottich lösen. Das Spitzendeckchen kannst du danach behutsam von der Oberfläche ziehen.

Geometrischer
LAMPENSCHIRM

Sobald die Temperaturen draußen in die Höhe steigen, hält der Frühling auch in den eigenen vier Wänden Einzug. Warum dann also z. B. schlichte Lampenschirme nicht mit einem neuen Anstrich versehen?

MATERIAL

- Lampenschirm aus Stoff
- Malerkrepp
- Lineal
- weicher Bleistift
- Textilfarbe
- Pinsel

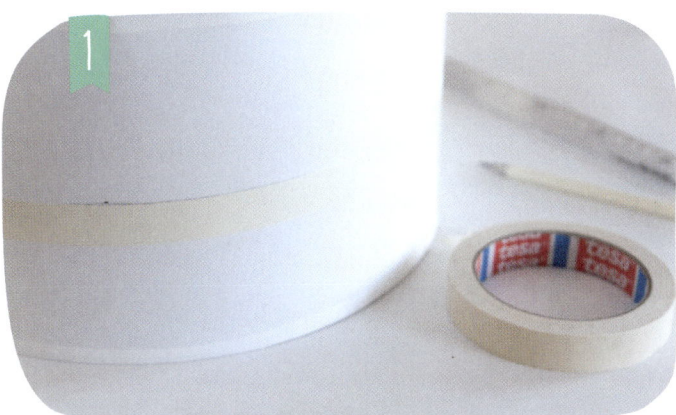

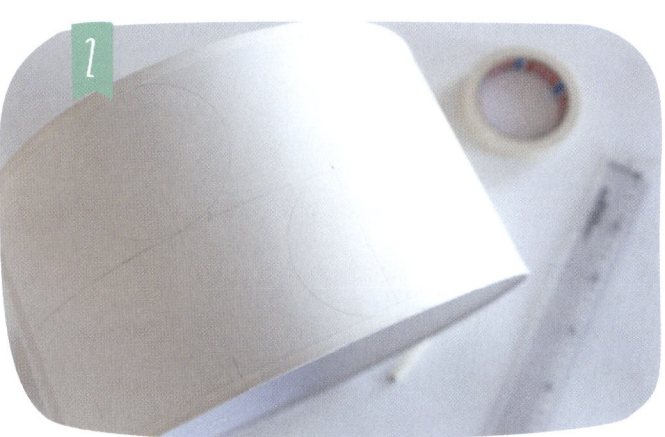

1 Im ersten Schritt wird der Lampenschirm mithilfe des Malerkrepps in zwei gleich große Streifen eingeteilt. Nutze Lineal und Bleistift, um die Mitte des Schirms an einzelnen Punkten zu markieren, verbinde anschließend die Punkte mit dem Klebeband. Fahre die Kante des Klebebands mit dem Bleistift nach.

2 Entferne nun das Malerkrepp und zeichne das Midcentury-Muster mit dem Bleistift vor. Nutze dafür das Lineal sowie das runde Malerkrepp als Schablone. Auch ein Glas oder ein anderer runder Gegenstand kann als Schablone für die Kreise dienen.

3 Jetzt müssen die einzelnen Flächen mit den Textilfarben ausgemalt werden. Achte dabei darauf, insgesamt nicht mehr als vier verschiedene Farben zu verwenden. Auch sollten die Farben zum Teil aus ähnlichen Farbfamilien stammen, um ein harmonisches Ergebnis zu erzielen.

Bunte
BLUMENAMPEL

Die Makramee-Blumen-ampel erlebt gerade ihr Revival! Mit einer grünen Pflanze darin belebt sie graue Balkone oder sterile Wohnungsecken.

- Stoffreste, ca. 30–40 cm lang und 3 cm breit
- Sisalkordel
- Holzring
- flüssiger Klebstoff
- Stoffschere

1 Zuerst schneidest du dir zahlreiche Stoffstreifen zu. Hierbei musst du nicht ganz exakt arbeiten. Schneide zudem acht Stücke mit 1,20 m Länge von der Kordel ab.

2 Nun wickelst du nach und nach die Stoffstreifen fest um die einzelnen Kordelstücke. Anfang und Ende der Streifen kannst du mit ein wenig flüssigem Klebstoff fixieren.

3 Jetzt ziehst du alle Kordelstücke durch den Holzring und verknotest diese direkt unter dem Ring miteinander.

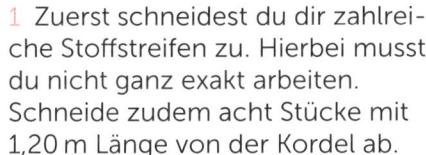

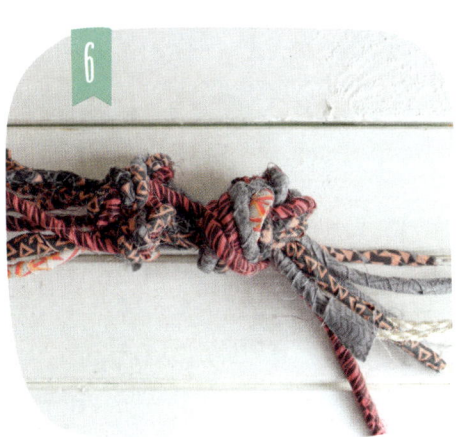

4 Teile die Kordeln anschließend in vier Zweierpaare auf und knüpfe jeweils auf gleicher Höhe einen Knoten. In diesem Beispiel wurde das bei 20 cm getan.

5 Anschließend nimmst du die Enden der Zweierpaare und verknotest diese weiter unten mit der jeweiligen Nachbarkordel. So entsteht nach und nach ein Netz.

6 Nimm alle acht Enden und knüpfe daraus einen Knoten. Die Endstücke kannst du mit der Schere auf die gewünschte Länge kappen.

Hübsch &
BUNT AUFBEWAHRT

Mal wieder einen Schuh-karton übrig? Bevor er in der Papiertonne landet, kannst du ihm doch mit ein wenig Stoff neues Leben einhauchen! So steht einer Frühjahrsaufräumaktion auch nichts mehr im Weg.

MATERIAL

* Stoffreste, je nach Größe der Schachtel
* Schachtel aus Karton
* Klebestift
* Maßband
* Stift
* Stoffschere

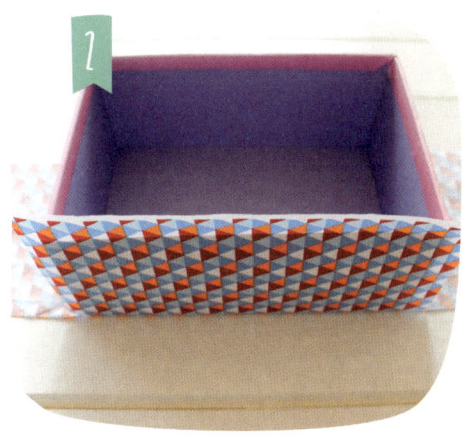

1 Lege die Schachtel auf den Stoff und miss mit einem Maßband die Seiten der Schachtel (in der Höhe und Länge) aus. Gib bei den gegenüberliegenden langen Seiten jeweils 1 cm mehr dazu und über-trage die Maße mit einem Stift, wie auf dem Bild zu sehen, auf den Stoff. Dann schneidest du das Stück Stoff mit der Schere aus.

2 Jetzt klebst du mit einem Klebestift den Stoff am Boden der Schachtel fest. Dann klebst du die längeren Seitenteile an die Schachtel. Hier wurde ein Klebe-stift verwendet, weil dieser den Stoff nicht durchnässt und genau-so gut hält wie flüssiger Klebstoff.

3 Klappe die überstehenden seit-lichen Ränder um die Kanten und klebe sie fest.

4 Nun klebst du die Seitenteile fest.

5 Zum Schluss klappst du die überstehenden oberen Ränder des Stoffs nach innen um und klebe diese an der Schachtel fest. Für das Einkleiden des Schachteldeckels kannst du genauso vorgehen.

Aus alt

MACH NEU

Bevor der alte Krug und der antike Teller mit Macke dem Ausmisten zum Opfer fallen – Stopp! Mit ein bisschen Acrylspray werden die alten Teile ratzfatz zu modernen Einzelstücken.

MATERIAL

* altes Porzellan, z. B. Krug und Teller
* Filzstift
* Klebefolie
* Schere
* Acrylspray in Neonfarben

VARIANTE A: KRUG MIT SCHRIFTZUG

Für einen schicken Neon-Krug mit Schriftzug musst du lediglich einen Schriftzug deiner Wahl – am besten einen kurzen Satz oder ein Wort – auf Klebefolie vorschreiben. Schneide den Satz oder das Wort anschließend aus und klebe ihn auf den Krug. Jetzt nur noch mit Acrylspray übersprühen, trocknen lassen, Folie abziehen – fertig.

VARIANTE B: TELLER MIT TANGRAM-VOGEL

Der Teller mit Tangram-Vogel ist ebenso leicht zu basteln. Schneide nach Belieben Dreiecke und Trapeze aus der Klebefolie aus (s. Vorlage S. 76) und füge sie zu einem Vogelmotiv zusammen. Klebe die Formen dann auf dem Teller fest und übersprühe das Motiv mit Acrylspray. Und auch hier gilt: Farbe trocknen lassen, Folie abziehen – fertig.

VARIANTE C: KRUG ODER TOPF IM OMBRÉ-LOOK

Altem Porzellan kannst du auch ganz einfach einen coolen Ombré-Look verleihen: Drehe dafür den Krug/Topf auf den Kopf und sprühe schräg von oben mit einer Spraydose in der Farbe deiner Wahl über das Porzellan. So erhältst du einen tollen Farbverlauf. Anschließend nur noch trocknen lassen – fertig.

Porzellan-VASEN

Geometrisch ist Trend! Weiße Vasen mit geometrischen Mustern sind ein Hingucker auf jeder gedeckten Frühlings-Brunch-Tafel, auf jedem Couchtisch und in jedem Regal.

MATERIAL

- feuchtes Tuch
- Acrylspray, verschiedene Farben
- Malerkrepp
- Schere
- alte Zeitungen

Reinige die Vase mit einem feuchten Tuch und trockne sie gut ab. Fettflecken und Fingerabdrücke sorgen beim Bemalen für unschöne Flecken, deshalb sollte die Vase vorab gereinigt werden. Für die Umsetzung der Muster gibt es zwei Möglichkeiten:

VARIANTE A: PASTELLGEBIRGE

Für das Pastellgebirge benötigst du mehrere Sprühfarben. Klebe mit dem Malerkrepp ein großes Dreieck ab, das am Boden der Vase ansetzt – achte darauf, dass der Bereich oberhalb des Dreiecks bedeckt ist, beispielsweise mit einer alten Zeitung. Sprühe nun mit dem Acrylspray darüber. Verwende hierbei nicht so viel Farbe und sprühe lieber später noch einmal darüber, damit sich keine Farbnasen bilden. Lass diese Schicht anschließend trocknen und klebe etwas tiefer und versetzt das nächste Dreieck ab. Sprühe auch hier mit Farbe darüber. Wiederhole diesen Schritt so oft, wie du möchtest, rund um die Vase.

VARIANTE B: EINFARBIGE DREIECKE

Die zweite Variante ist die einfachere: Klebe nach Belieben ein Dreiecksmuster aus Malerkrepp auf die Vase und sprühe mit Acrylspray deiner Wahl darüber. Wenn die Farbe ausreichend getrocknet ist, ziehst du das Malerkrepp ab – fertig!

Fake-STICKRAHMEN

MATERIAL

- Vorlage, aus dem Internet oder selbst gezeichnet
- Klebeband
- Baumwollstoff, naturfarben oder weiß
- Textilstifte, 1–2 mm
- Pappe zum Unterlegen
- Wasser
- Pinsel
- Textil-Aquarellfarbe
- Stickrahmen
- Stoffschere

1 Drucke dir eine Vorlage nach Wahl aus dem Internet aus oder erstelle dir auf einem Stück Papier eine eigene.

2 Befestige die Vorlage mit etwas Klebeband auf der Stoffrückseite.

3 Zeichne nun zunächst den Buchstaben sowie die Umrisse der floralen Elemente mit den Textilstiften nach.

4 Lasse die Farbe trocknen, bevor du fortfährst. Entferne die Vorlage von der Rückseite des Stoffs und lege für den nächsten Schritt etwas Pappe unter.

5 Feuchte die Innenflächen der Blumen und Blätter mithilfe eines Pinsels mit Wasser an. Trage dann auf die angefeuchteten Bereiche die Aquarellfarbe auf. Wenn du die Aquarellfarbe mit viel Wasser verdünnst, wird der Farbton transparenter, während er in unverdünntem Zustand intensiver ist.

6 Wenn die Farbe getrocknet ist, kannst du das Stück Stoff in den Stickrahmen einspannen und den überstehenden Rest mit der Stoffschere abschneiden.

Dekorativer PFLANZTOPF

In diesem geometrischen Pflanztopf machen sich vor allem hängende Pflanzen ganz prima, denn man kann den „Diamanten" auf eine Facette kippen.

MATERIAL

- Vorlage (s. S. 77–79)
- Schnell-Estrich
- Wasser
- Holzstab
- Rührschüssel
- Milchtütenpapier
- Malerkrepp
- Cutter
- Lineal
- Schneideunterlage
- Stricknadel
- kleiner Plastikbecher oder kleines Plastik-Schnapsglas
- größerer Stein

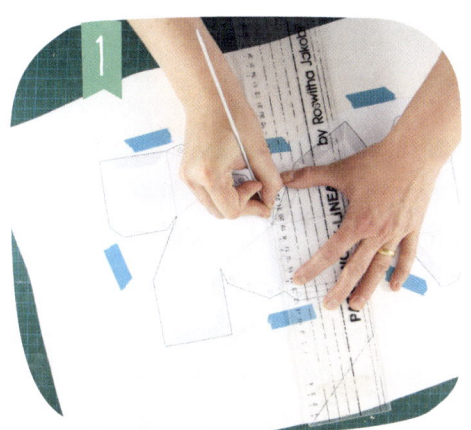

1 Drucke die Vorlage aus und klebe die einzelnen Teile aneinander. Den Papierbogen klebst du mit etwas Malerkrepp auf das Milchtütenpapier. Dann ziehst du mit Hilfe des Lineals und der Stricknadel die inneren Linien nach.

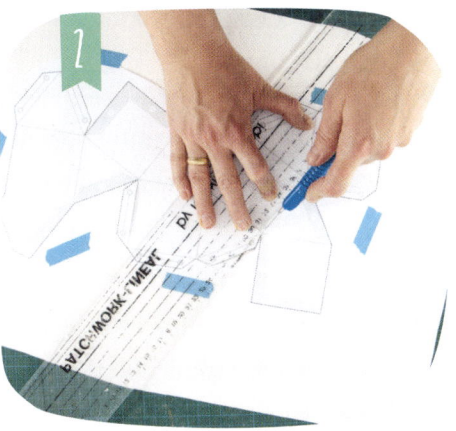

2 Schneide mit dem Cutter die Konturen aus.

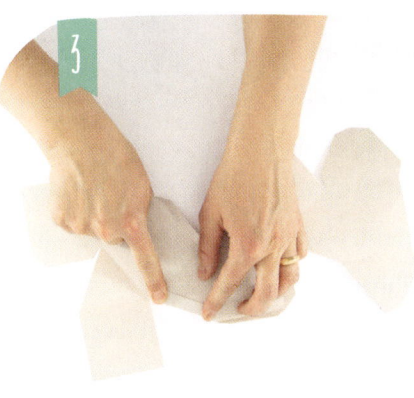

3 Falte alle Linien einmal vor, dann setzt du die Form zusammen.

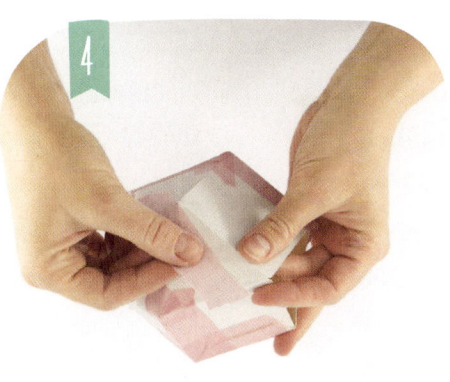

4 Die Laschen liegen immer außen – diese klebst du mit Malerkrepp an die Außenseiten. Achte darauf, dass alles dicht ist.

5 Rühre den Beton nach Packungsanweisung an und fülle die Form zu ⅔ damit. Dann drückst du den kleinen Plastikbecher in die Öffnung und beschwerst ihn mit einem Stein, sodass er nicht hochkommen kann.

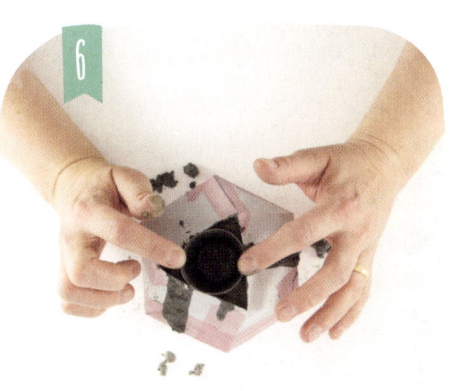

6 Lass den Beton aushärten, dann kannst du das Vieleck ausschalen und bepflanzen. Wenn du eine andere Pflanze als eine Trockenheit liebende Sukkulente pflanzen möchtest, musst du in den Pflanztopf noch ein Wasserablaufloch basteln.

Bestickte
FRÜHLINGSPOST

Inzwischen ist schöne Post im Briefkasten zu einer Rarität geworden. Flattern diese bestickten Frühlingskarten ins Haus, ist die Freude wohl vorprogrammiert. So eine blumige Frühlingspost landet sicherlich nicht in der Schublade.

MATERIAL

- Vorlagen (s. S. 76)
- DIN-A6-Klappkarte, blanko aus Kraftpapier
- Washi Tape
- Schere
- Perforiernadel, 1-fach
- dicke Pappe, als Unterlage
- Stickgarne, verschiedene Farben
- spitze Sticknadel, mittlere Stärke

1 Drucke die Vorlagen auf Papier und schneide sie dann grob aus. Fixiere das Papier mit Washi Tape vorsichtig auf dem Kartenvorderteil. Das Tape lässt sich anschließend wieder rückstandslos ablösen, wenn du es nur leicht andrückst.

2 Lege das Stückchen dicke Pappe in die Karte ein. Stich nun mit der Perforiernadel kleine Löcher entlang der Vorlagenlinien. Die Löcher sollten in gleichmäßigem Abstand alle 0,5–1 cm gesetzt werden, nicht enger, da das Papier sonst einreißen kann. Entferne vorsichtig die Vorlage.

3 Sticke mit einem einfachen Rückstich die Motive nach. Halte die durchlöcherte Karte immer wieder gegen das Licht, so erkennst du das Stickbild viel besser. Verknote alle Fäden auf der Rückseite und schneide überstehendes Garn ab.

Blumenkranz
AUF PAPIER

Ein Flower Hoop in der angesagten Watercolor-Technik macht sich wunderschön auf einer Karte, als Geschenkanhänger oder im größeren Format als Papier-Blumenkranz an der Wand.

- Wasser- oder Aquarell-farben
- Mischpalette
- Aquarellpapier, 200 g/m²
- Pinsel
- Wasserbehälter
- Papiertuch
- Zirkel/rundes Gefäß
- Bleistift
- Radiergummi

1 Am besten legst du für dieses Motiv vorab fest, welche Farben in deinem Kunstwerk vorkommen sollen. Somit stellst du sicher, dass das Gesamtbild nicht zu bunt wird. Dies funktioniert beispielsweise mithilfe einer Farbkarte. Darauf malst du in kleinen Rechtecken diejenigen Farben auf ein Stückchen Papier, die dein Motiv beinhalten soll, und siehst, wie sie miteinander harmonieren. Zeichne dir dann mit Bleistift das Motiv vor. Verwende für den Kreis am besten einen Zirkel oder ein rundes Gefäß.

2 Für die Blütenblätter malst du zunächst die Form der Blüte und nimmst dann etwas Wasser auf. Damit wischst du vom äußeren Rand hin zur Blütenmitte und verteilst dadurch die Farbe. Den Blütenstaub fügst du hinzu, wenn die Blüte getrocknet ist. Achte bei der Rosenknospe darauf, dass du zwischen dem größeren Teil der Blüte und dem feinen Strich rechts daneben eine dünne weiße Fläche lässt. Dadurch wird die Knospe als solche erkennbar.

3 Nun kommen die Blätter an die Reihe. Sie entstehen jeweils durch lediglich zwei Pinselstriche. Mit einer weißen Fläche in der Mitte des Blatts kann optisch eine Reflexion erzeugt werden.

4 Wähle für die kleinen Blätter einen anderen Grünton. So erzeugst du einen weiteren Farbakzent, wodurch dein Bild in sich noch stimmiger wirkt.

Kleine GLÜCKSEIER

Tipp

Kaufe die Eier doch beim Bauern! Mit etwas Glück haben die Schalen verschiedene Farben – der Mix aus Weiß, Hellbraun und leichtem Grün sieht am Osterstrauch großartig aus! Möchtest du keine Hühnereier verwenden, eignen sich natürlich auch Holz- oder Plastikeier.

Glück kaufen kann man nicht? Aber vielleicht verschenken! Und zwar in Form eines Glückseis. Darüber freut sich bestimmt jeder!

MATERIAL

- Hühnereier
- Acryl- oder Bastelfarbe, hellrosa, hellblau und weiß
- Bleistift
- dünner Faden, weiß
- Lineal
- 1 Nadel
- Permanentmarker, fein
- Pinsel
- Radiergummi
- Schaschlikspieß
- 2 Schüsseln
- Streichholz oder Zahnstocher
- Transparentpapier

1 Wasche die Eier mit Wasser und Spülmittel. Stich mit einer Nadel ein Loch in jede Seite und vergrößere eines etwas. Stecke den Schaschlikspieß in das größere Loch, verrühre das Ei und puste es vorsichtig durch das kleinere Loch in die Schüssel. Fülle es mit Wasser, schüttle es und puste es erneut aus.

2 Skizziere die Größe des Eis auf Transparentpapier. Zeichne mit einem Bleistift „Glücks" im oberen Teil in Schreibschrift. Achte darauf, die Schrift nicht zu groß zu wählen und etwas Platz zwischen den Buchstaben „E" und „I" zu lassen.

3 Rühre deine Farben mit etwas Wasser an, sodass sie flüssiger werden. Nimm einen Pinsel, tauche ihn in die Farbe und ziehe in einer schnellen Bewegung einen kurzen Strich zur Seite. Ordne deine Farbkleckse nun auf einer Seite an, lege das Ei zum Trocknen hin und male danach die zweite Seite fertig.

4 Schraffiere die Rückseite deiner Skizze mit einem weichen Bleistift. Lege das Transparentpapier auf das Ei und positioniere es so, dass die Schrift mittig sitzt. Klebe das Papier mit Masking-Tape fest und ziehe die Linien vorsichtig mit Bleistift nach.

5 Ziehe nun die Bleistiftlinien mit dem dünnen Marker nach. Verstärke die Abstriche bei „GLÜCKS" mit dem Permanentmarker.

6 Brich für die Aufhängung ein Streichholz in drei Teile, binde um eines einen Faden und stecke es in das Loch. Drehe das Holz horizontal – schon kannst du dein Glücksei aufhängen.

Brunch-
BESTECKTASCHE

Du möchtest deine Gäste zum Frühjahrsbrunch ganz besonders willkommen heißen? Die Namensschilder sind im Nu auf der Bestecktasche platziert und runden deinen Tisch so richtig ab.

MATERIAL

- Aquarellpapier, satiniert, 300 g/m²
- Baumwollkordel
- Bleistift
- 2 Brush Pens wasserbasiert, in 2 Farbnuancen (z. B. helles & dunkles Rosa)
- feiner Filzstift, schwarz
- Kleber
- Locher oder Lochzange
- Papiertasche, natur, ca. 21 x 12 cm
- Schere
- Kordel

1 Zeichne dir ein Ei (Höhe 10 cm, breiteste Auswölbung 7 cm) auf deinem Papier vor. Anschließend schneide das Ei aus und loche es an den beiden langen Seiten.

2 Skizziere den Namen leicht vor. Achte darauf, dass im Anfangsbuchstaben genug Platz für die Farbe bleibt. Ziehe alle Bleistiftlinien mit dem Filzstift nach. Zeichne damit auch ein etwas kleineres Ei auf (Abstand zum Rand ca. 1,5 cm). Auf die Linie kannst du nun Blätter setzen, Punkte einbauen und diese entweder weiß lassen oder auch schwarz anmalen.

3 Wenn deine erste Skizze trocken ist, geht es ans Blending des Anfangsbuchstabens. In einem ersten Schritt wird sein gesamter Innenraum mit dem Brush Pen in der helleren Farbe schattiert.

4 Male mit der zweiten Farbe das obere Drittel des Buchstabens aus. Mit einem Blender oder Pinsel und Wasser kann ein guter Farbverlauf geschaffen werden. Arbeite dabei von oben nach unten.

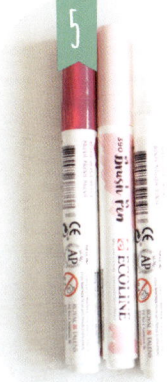

5 Schneide die Papiertasche seitlich jeweils 8 cm der Länge nach ein und falte den vorderen Teil (ca. 1,5 cm breit) so lange, bis die Einschnittstelle erreicht ist. Klebe sie dann an der Unterseite fest.

6 Ist das fertig geletterte Ei trocken, ziehe die Kordel durch ein Loch. Lege das Ei auf die Bestecktasche, führe den Faden von hinten durch das nächste Loch. Verknote die Kordel hinten.

Blumenwiese TO GO

Bestimmt hast du von einigen bestellten Päckchen noch etwas Packpapier übrig. Daraus kannst du kleine Papiertäschchen basteln, die du mit Blumensamen befüllen und verschenken kannst. Frühling per Post, sozusagen!

MATERIAL

* Packpapier
* Schere
* Kleber oder doppelseitiges Klebeband
* Stempel und Stempelkissen
* bunte Papierreste
* Locher
* Packklammern

1 Aus dem Packpapier 10,5 x 16 cm schneidest du große Rechtecke zu. Falte zum Zusammenkleben die Längskante nach und dort sowie an der unteren Kante Kleber anbringen und alles zu einer Tüte zusammenkleben.

2 Die Tütchen kannst du nun bestempeln, bemalen oder bekleben. Und natürlich mit Blumensamen befüllen. Zum Verschließen schneidest du ein paar Kreise aus bunten Papierresten und faltest sie mittig. Die gefüllten Tütchen drückst du zusammen, schiebst die gefalteten Kreise über die Kante, lochst und verschließt sie zum Schluss mit einer Packklammer.

Kleiner FRÜHLINGSGRUSS

Grußkarten gibt es mittlerweile wie Sand am Meer. Um ein Geschenk persönlicher zu machen, kannst du ganz schnell diese Karte selbst gestalten und mit der Einstecklasche noch einen floralen Gruß mitschicken.

MATERIAL

- Aquarellpapier, 300 g/m²
- Bleistift HB
- Radiergummi
- Lineal
- feiner Filzstift, schwarz
- Aquarell- oder Wasserfarbe
- Flachpinsel
- Feiner Pinsel
- Wasserbehälter
- Papiertuch
- Cutter
- Schneideunterlage

1 Im ersten Schritt aquarellierst du einen Verlauf: Dafür verteilst du mithilfe deines Rund- oder Flachpinsels klares Wasser über dein Papier. Dabei ist es wichtig, dass es ausreichend befeuchtet ist und das Wasser nicht auf dem Papier steht. Danach tupfst du stellenweise mit der Aquarellfarbe auf das befeuchtete Papier und verteilst die Farbe, bis dir das Ergebnis gefällt. Das Papier lässt du nun komplett trocknen.

2 Als Nächstes skizzierst du dir etwas unterhalb der Mitte mit einem Bleistift zwei parallele Striche mit einer Breite von ca. 7 cm, die später die Einstecklasche ergeben.

3 Danach legst du die Karte auf eine Schneideunterlage und schneidest die vorgezeichneten Striche mit einem Cutter ein.

4 Zeichne mit einem Bleistift das Lettering vor und schreibe es mit dem Filzstift nach.

5 Anschließend nimmst du einen kleinen Pinsel und tupfst ein paar Sprenkel auf die Karte.

6 Zuletzt drapierst du eine Blume deiner Wahl in die Einstecklasche.

Immerblühende ROSEN

Wie Trockenblumen wirken diese Rosenblüten aus selbst eingefärbtem Papier. Der braune Grundton des Packpapiers lässt die Farbe zurückhaltend und geheimnisvoll wirken.

MATERIAL

- flache Schale Wasser
- Acryl- oder Bastelfarbe, magenta und orange
- Leine und Klammern zum Aufhängen
- Packpapier
- Bindedraht, fein
- Zeitungspapier
- Bastelpapierstreifen
- Paketschnur aus Naturfasern
- Pinsel
- Schere

1 Fülle die Schale mit wenig Wasser. Zerknülle nun einzelne Stücke vom Packpapier, glätte es wieder etwas und lege es dann ins Wasser. Gib von beiden Acrylfarben ein wenig hinzu und verrühre das Gemisch mit dem Pinsel. Hänge die gefärbten Papierstücke mit Wäscheklammern zum Trocknen an die Leine.

2 Die Blütenmitte bildet ein kleiner Trichter, der aus einem rechteckigen Papierstück gedreht wird.

3 Knicke nun weitere Stücke in länglicher Form jeweils an einer langen Kante um und drapiere sie mit der geknickten Kante nach oben um die Blütenmitte. Halte dabei den Blütenansatz fest, drücke das Papier dort zusammen und fixiere es mit Draht.

4 Jetzt geht es ans Verpacken: Du kannst dein Geschenk in Zeitungspapier einpacken, mit Paketschnur umwickeln und mit einer Rose und Bastelpapierstreifen dekorieren.

Kunterbunte ETIKETTEN

Bunt gemischte Wasserfarben ergeben auf dem richtigen Papier einen tollen Aquarell-Effekt – umso hübscher werden sie, wenn man sie als Geschenkanhänger ausschneidet und verziert!

MATERIAL

- Aquarellpapier, 300 g/m²
- Wasserfarben
- Pinsel
- Vorlage (s. S. 76)
- Schere
- Bleistift
- Filzstift, schwarz
- Eyeletset (Loch- und Eyeletwerkzeug)
- pro Anhänger ein Eyelet
- Hammer
- buntes Garn

1 Lege das Aquarellpapier bereit und tobe dich mit vielen verschiedenen Wasserfarben darauf aus. Nimm möglichst viel Wasser. Besonders schöne Effekte erzielst du, wenn du mit einer zweiten Farbe auf eine erste, noch nasse Farbe tupfst. Lass die Farben gut trocknen.

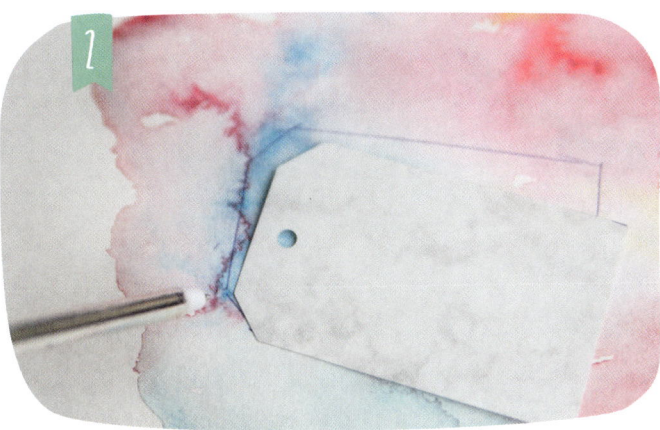

2 Drucke dir die Vorlage für den Anhänger aus und schneide sie aus. Lege sie dann auf das Aquarellpapier und zeichne den Anhänger vor.

3 Jetzt kannst du deiner Fantasie mit einem schwarzen Filzstift freien Lauf lassen: Male auf das Wasserfarbenmuster Punkte, Streifen oder was immer dir in den Sinn kommt. Schneide den Anhänger anschließend aus.

4 Nun musst du noch mit dem Lochwerkzeug ein Loch in die obere Mitte des Geschenkanhängers stanzen. Schiebe das Eyelet hindurch und fixiere es mit dem Eyeletwerkzeug und dem Hammer. Fädle anschließend buntes Garn durch das Loch und befestige den Anhänger damit am Geschenk.

Kunstvoller

BRIEFUMSCHLAG

Egal, ob als Kuvert für die Hochzeitseinladung oder für ein nettes Brieflein – hiermit hält bereits das Öffnen deiner Botschaft eine ganz besondere Überraschung für den Adressaten bereit.

MATERIAL

- Aquarellpapier, 150 g/m²
- Bleistift HB
- Radiergummi
- feiner Filzstift, schwarz
- Aquarellfarbe
- Aquarellpinsel Größe 2
- Wasserbehälter
- Papiertuch
- Umschlag
- Zirkel
- Klebestift

1 Lege den Umschlag auf das Aquarellpapier, sodass der Umschlag ca. 1 cm über das Papier herausragt. Umrande den Umschlag mit einer feinen Bleistiftlinie.

2 Schneide das vorgezeichnete Inlay aus und zeichne jeweils links und rechts einen dünnen Rand von ca. 3 mm an und schneide diesen ab. Überprüfe, ob das Inlay in den Briefumschlag passt.

3 Zeichne mithilfe eines Zirkels einen kleinen Kreis in das Inlay ein: Wenn der Umschlag geöffnet ist, sollte der Kreis ungefähr in der Mitte liegen. Aquarelliere nun unterschiedlich große Blumen über das gesamte Inlay und lasse den vorgezeichneten Kreis frei. Skizziere dir nun die Initialen in den vorgezeichneten Kreis und lettere sie nach. Um den Kreis ein wenig auszufüllen und farblich an die Illustrationen anzupassen,

kannst du Schnörkel und kleine Sprenkel ergänzen. Zuletzt klebst du das Inlay in das Innere des Umschlags. Ganz wichtig: Klebe das Inlay nur an dem oberen Teil des Umschlags, also an der beweglichen Lasche, fest. Beim Verschließen des Umschlags benötigt das Inlay nämlich Raum, sich zu bewegen. So verhinderst du, dass sich der Briefumschlag wölbt.

Blumentässchen
RELOADED

Sukkulenten sind treue Gefährten, die einen nicht im Stich lassen, auch wenn man sie länger nicht gießt. Die tollen vielfältigen Gewächse möchten passend in Szene gesetzt werden — selbstbemalte Tassen sind wie dafür gemacht!

MATERIAL

- weiße Tassen
- Tuch
- Ethanol
- Porzellanstift oder Permanentmarker

1

1 Bevor du drauflos malst, reinige die Tasse mit einem Tuch mit etwas Ethanol, um unliebsame Fettflecken zu entfernen. Trockne die Tasse danach gut ab.

2

3

VARIANTE A: BAUMRINDENMUSTER

Schnapp dir jetzt den Stift. Für ein Muster, das einer Baumrinde ähnelt, gehst du so vor: Fange mit einem kleinen Oval an, das du locker aus dem Handgelenk zeichnest. Drumherum zeichnest du zwei weitere Ovale. Jetzt beginnst du damit, vertikale Linien auf die Tasse zu zeichnen, die leicht ausbeulen, wo sich das Oval befindet. Wiederhole dies an unterschiedlichen Stellen und auf unterschiedlichen Höhen rund um die Tasse, bis alles durch das Muster bedeckt ist.

VARIANTE B: FISCHGRÄTENMUSTER

Ziehe für das Fischgrätenmuster vertikale Striche vom oberen Rand der Tasse nach unten. Diese Längsstriche verbindest du mit vielen kleinen diagonalen Strichen. Ab in den Backofen!

Nach dem Bemalen wandert die Tasse in den Backofen, damit die Farbe eingebrannt wird. Die erforderliche Dauer und Hitze entnimmst du der Beschreibung auf den Porzellanstiften.

Anhänger

FÜRS OSTERFEST

Du möchtest deinen Oster-
strauch schön modern
aufhübschen? Dann sind
diese minimalistischen
Ton-Anhänger sicher der
perfekte Hingucker!

MATERIAL

- 1 kg Modelliermasse, lufthärtend, weiß
- Nudelholz
- Backpapier
- Aquarell- oder Bastelfarbe oder Metallic-Marker
- österliche Ausstechformen
- feiner Permanentmarker
- Pinsel
- Schleifpapier fein
- Strohhalm

1 Nimm dir ein Stück von dem Modellierton und knete ihn gut durch. Falls der Ton sehr fest ist, kannst du deine Hände leicht mit Wasser befeuchten. Dadurch wird der Ton geschmeidiger, und es entstehen weniger Risse. Rolle den Modellierton zwischen zwei Bogen Backpapier gleichmäßig aus (ca. 2 mm dick).

2 Stich dein gewünschtes Motiv aus dem Ton aus. Mit einem dünnen Strohhalm kannst du ein Loch hineinstanzen, um es später aufzuhängen. Befeuchte deine Finger mit etwas Wasser und streiche deine Tonanhänger glatt. Die Anhänger müssen dann für ca. 24 Stunden gut durchtrocknen (zwischendurch wenden!).

3 Mit einem feinen Schleifpapier kannst du die Kanten und die Oberfläche der Deko-Anhänger ausbessern und verfeinern.

4 Zeichne die Formen auf ein Papier und experimentiere mit dem Layout. Wichtig: Setze den Stift am linken Rand der Form an und ziehe ihn nach dem Wort bis zum anderen Ende. So entsteht der Eindruck, die Linien seien rundherumgezeichnet. Übertrage das Layout auf die Anhänger.

5 Nun kannst du unterhalb der schwarzen Streifen mit dem Pinsel goldene Farbe aufmalen. Wenn die Farbe getrocknet ist, lassen sich die Ton-Anhänger an einem schwarzen oder weißen Faden aufhängen.

Deko für den
FRÜHLINGSSTRAUSS

Besonders im Frühling bringen frische Sträuße Wind in jede Wohnung. Passend zur Osterzeit kannst du sie nun mit hübsch marmorierten Eiern, Federn und Bändern verzieren.

MATERIAL

- je 1 Pck. Modelliermasse, lila und türkis
- Perlenstechnadel
- Federn, gelb
- Satinband, gelb
- Bastelfarbe
- kleiner Pinsel
- Schaschlikspieße
- Glas Leitungswasser
- Backpapier
- Backofen

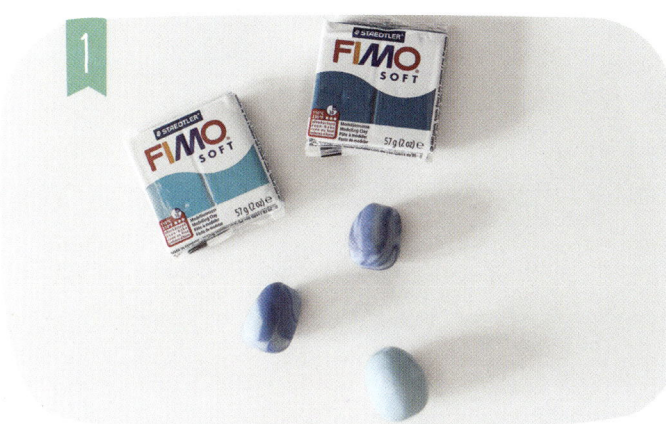

1 Knete die lilafarbene Modelliermasse, bis sie weich und geschmeidig wird. Füge dann die türkisfarbene Masse hinzu. Achte darauf, dass beide Farben gleichmäßig miteinander verknetet werden, bis ein Marmorier-Effekt entsteht.

2 Forme aus der Knetmasse etwa 4 x 2 cm kleine Eier. Durchstich jedes Ei in der Länge mit der Perlenstechnadel. Um die Eioberfläche zu glätten, feuchtest du das Knetmaterial mit Wasser an und streichst es mit der Fingerkuppe glatt.

3 Lege das Backblech mit Backpapier aus und härte die Eier nach Gebrauchsanweisung. Für gewöhnlich eine halbe Stunde im vorgeheizten Backofen bei 110 °C. Die Nadeln können beim Backvorgang auch in den Eiern bleiben.

4 Bemale die Schaschlikspieße mit Bastelfarbe und stecke die Stäbe nach dem Trocknen in die Eier. Verziere die Eierspieße zusätzlich mit gelben Bastelfedern und Satinschleifen.

Schicke
SNACK-ETAGE

Ob für kleine Törtchen, die zum Osterbrunch serviert werden, oder auch als kleine Etagère für Schmuck und Krimskrams – wenn du noch alte Porzellanteller findest, dann hauche ihnen direkt neues Leben ein!

MATERIAL

- großer und kleiner Teller
- wasserlöslicher Stift
- Lineal
- Malerkrepp
- Akkubohrer oder Bohrmaschine
- Porzellanbohraufsatz, 18 mm

- 1 Stück Holz
- Schale mit kaltem Wasser
- Diamantbohraufsatz, 18 mm
- Etagèrenset mit Schrauben (z. B. aus dem Bastelladen)

1 Markiere im ersten Schritt die Mitte beider Teller mit einem „X". Die Mitte lässt sich mit einem Lineal schnell herausfinden. Klebe nun ein Stückchen Malerkrepp über die soeben markierte Mitte. Das Malerkrepp sorgt dafür, dass du mit dem Bohrer nicht abrutschst.

2 Jetzt nutzt du den Porzellan-Bohraufsatz. (Wichtig: Die Breite des Bohrers muss der Breite der Schrauben des Etagèrensets entsprechen). Achte darauf, dass der Akkubohrer/die Bohrmaschine nicht im „Schlagbohr"-Modus ist. Nimm dir ein Stück Holz als Unterlage und fange an, in die Stelle im Teller zu bohren, die mit dem „X" markiert ist. Bohre nicht am Stück, sondern mache immer wieder Pausen und tunke den Bohraufsatz in die Schale mit Wasser. So verhinderst du, dass das Porzellan überhitzt.

3 Nachdem du das Porzellan durchbohrt hast, verwendest du den Diamantbohraufsatz. Mit diesem kannst du das gebohrte Loch anschließend noch einmal sauber abschleifen. Wiederhole die Schritte mit dem zweiten Teller. Jetzt musst du nur noch die beiden Teller mithilfe des Etagèrensets zusammenbauen und schon kannst du die Etagère mit kleinen Leckerbissen bestücken.

Blütenregen
IM GLAS

Die Blütenpracht des Frühlings einfangen und für das ganze Jahr festhalten, das möchte doch eigentlich jeder. Mit dieser schnellen DIY-Idee geht das ganz einfach.

MATERIAL

* Blüten und Blätter, draußen gesammelt
* 2 Acrylplatten, DIN A4
* 6 Buchbindeschrauben in der Materialstärke der beiden Platten
* 2 Bogen fester Karton
* schwere Bücher oder Blütenpresse
* Handbohrer

1 Lass dir im Baumarkt zwei durchsichtige Acrylplatten auf DIN A4 zuschneiden. In die Ecken wird jeweils ein Loch für Buchbindeschrauben gebohrt. Auf die Längsseiten kommt jeweils in die Mitte noch ein weiteres Loch. Sammle deine Lieblingsblüten und -blätter. Schneide die Stiele so kurz wie möglich ab, damit man die Pflanzenteile problemlos flach zum Pressen auf einen festen Karton legen kann. Lege die Elemente zwischen zwei Bogen möglichst glatten Karton und beschwere alles für mindestens 24 Stunden mit dicken Büchern, bis sie komplett trocken gepresst sind. Natürlich kannst du dafür auch eine Blütenpresse verwenden.

2 Lege eine Collage mit den gepressten Blüten (z. B. einen Blütenkranz) auf einer der Acrylplatten zurecht und decke das Blütenbild vorsichtig mit der zweiten zu. Mit den Buchbindeschrauben wird alles anschließend vorsichtig fixiert. Jetzt kannst du dein Frühlingswerk aufhängen.

Geletterte GLÄSER

Hand Lettering auf Glas ist zwar eine Herausforderung – es sieht aber verdammt gut aus! Mit einfachen Kniffen verewigt man kurze – garantiert trinkfeste – Sprüche, die beim nächsten Frühlingsbrunch ordentlich Stimmung machen.

MATERIAL

* Aperitifglas
* feiner Porzellanstift, schwarz
* Washi Tape
* Wattestäbchen
* Küchenpapier
* Glasreiniger

1 Reinige zunächst deine ausgewählten Gläser und trockne sie anschließend gut ab. Vermeide bitte unbedingt Fettabdrücke!

2 Zeichne den Schriftzug „Let the fun beGIN" auf Papier vor, schneide ihn anschließend aus und klebe ihn mit Tesafilm an die gewünschte Stelle im Glasinneren.

3 Male die Vorlage mit dem dünnen schwarzen Porzellanstift auf der Außenseite von oben nach unten nach.

4 Die Buchstaben werden im Schreibstil Faux Calligraphy („Let the" sowie „be") und in Blockschrift („FUN" und „GIN") mit dem Stift gefüllt. Damit du die erste Schicht nicht wieder abkratzt, arbeite am besten zügig. Falls du dich vermalen solltest, kannst du mit Wattestäbchen, Küchenpapier und Glasreiniger korrigieren.

Blumen-
UMSCHLAG

Tipp

Die Skizze hilft dir beim Layout deines Blumeneinschlag-papiers.

Egal ob zum Geburtstag, zur Hochzeit oder zu einem festlichen Anlass: Blumen sind immer eine gute Idee. Mache dein Blumengeschenk zu etwas Besonderem, indem du die Blumen in ein selbst gemachtes Einschlagpapier wickelst, das du mit Watercolor und Hand Lettering verzierst.

MATERIAL

- Aquarellpapier Größe, 50 x 65 cm, 150 g/m²
- Bleistift HB
- Radiergummi
- Brush Pen mit Faserspitze, schwarz
- Lineal
- Aquarell- oder Wasserfarbe
- Pinsel
- 2 Wasserbehälter
- Papiertuch

1 Als Erstes breitest du dein Aquarellpapier aus und malst mit deinen angemischten Farben

2 Blumen und Blätter über das komplette Papier. Dabei beginnst du mit den Blumen und ergänzt im Anschluss die Blätter. Den Blütenstaub malst du, wenn deine Blumen getrocknet sind. Achte bei der Anordnung auf Ausgeglichenheit zwischen den Motiven.

3 Lasse nun die Motive komplett trocknen, bevor du dich an das Lettering machst. Dieses wird später über die Motive geschrieben, weshalb du keinen Freiraum dafür lassen musst.

4 Dann nimmst du dir einen Bleistift und ein Lineal und ziehst dir über die komplette Papierbreite Linien im Abstand von ca. 7 cm. Achte bei der Bleistiftzeichnung darauf, dass du die Linien so fein wie möglich ziehst, um beim späteren Wegradieren die Illustrationen und das Papier nicht zu zerstören.

5 Als Nächstes skizzierst du dir die Wörter deiner Wahl auf die Linien. Achte darauf, dass du eine schöne und gleichmäßige Verteilung hast.

6 Im Anschluss nimmst du dir einen Brushpen und letterst die vorgezeichneten Wörter nach.

7 Wenn dein Lettering getrocknet ist, kannst du vorsichtig die Linien und Wörter wegradieren.

Luftige WINDLICHTER

Es ist eine experimentelle Arbeit, die vieles dem Zufall überlässt, was wegen der Überraschungsmomente besonders viel Spaß macht. Apropos Überraschungen, am besten übst du diese Technik im Freien an einem windstillen Tag!

MATERIAL

- leere Buntstifthülse oder breiter Strohhalm
- passendes Schlauchstück
- Döschen Seifenblasenseife
- Lebensmittelfarbpaste, türkis, rot und blau
- Glasschälchen

- Briefpapier und Karten
- Transparentpapier, farblos
- Zeitungspapier als Unterlage
- Windlichtglas mit Kerze
- Klebstreifen, transparent

1 Eine haselnussgroße Menge Farbpaste mit einer halben Dose Seifenblasenseife in einem Glasschälchen mischen und die Arbeitsfläche großflächig mit Zeitungspapier abdecken. Das zu bedruckende Papier bereitlegen. Das Röhrchen-Ende in die Mischung eintauchen, beim Herausnehmen durch Drehen in Bewegung halten, sodass die Seife nicht abtropfen kann. Die Blase vorsichtig aufpusten. Setzt man die Blase sanft auf dem Papier ab, zerplatzt sie mehr oder weniger rasch und es entsteht der zufällige Effekt.

2 Experimentiere nun auf deinem Papier nach Lust und Laune und mische ggf. noch eine weitere Farbe.

3 Nach dem Trocknen die Bögen um geeignete Gläser drapieren und mit Klebstreifen fixieren. Mit einem LED-Licht oder einer Kerze beleuchten.

Leuchtende TEEPARTY

Alte Tassen, die von einem Service übrig sind, schaffen selten den Weg aus dem Schrank. Wie wäre es, diesen Einzelstücken neues Leben einzuhauchen? Aus kleinen Vintage-Tassen lassen sich nämlich fantastische Kerzen zaubern.

MATERIAL

- Kerzendocht mit Fuß
- 1 Holzstäbchen
- antike Tasse (z. B. vom Flohmarkt)
- großer und kleiner Kochtopf
- transparentes Wachsgranulat
- buntes Wachs zum Einfärben
- Löffel zum Umrühren
- Schere

1 Wickle zunächst das obere Ende des Kerzendochtes um das Holzstäbchen und lege dieses auf der Tasse ab. Achte dabei darauf, dass der Docht schön mittig hängt und das untere Ende des Dochtes den Tassenboden berührt.

2 Wärme im nächsten Schritt in einem größeren Topf etwas Wasser auf und hänge den kleineren Topf ein. Nun schüttest du das Wachsgranulat in den kleinen Topf. Achte darauf, dass das Wachs nicht mit dem Wasser in Berührung kommt.

3 Wenn du farbige Kerzen erhalten möchtest, kannst du das transparente Wachsgranulat mit buntem Wachs einfärben. Hier wurde blaues und rotes Wachs verwendet, um die altrosa Farbe der Kerzen zu erhalten. Probiere ruhig ein bisschen aus, bis deine Wunschfarbe erreicht ist. Rühre das Wachsgemisch gut um,

4 Nimm den kleinen Topf aus dem Wasserbad und schütte das Wachs vorsichtig in die Tasse. Das Wachs muss nun 1–2 Stunden trocknen, bis es vollständig ausgehärtet ist. Anschließend kannst du den Docht auf die gewünschte Länge kürzen.

Mini-
GARTENTEICH

Auch wenn du keinen riesigen Garten hast, musst du nicht auf das beruhigende Element Wasser verzichten. Sogar auf dem Balkon findet sich für den Mini-Teich ein Plätzchen. Hol dir ganz einfach diese kleine Oase der Entspannung nach Hause.

MATERIAL

- wasserdichte Zinkwanne
- Stück Plastik in der Höhe deiner Zinkwanne
- ca. 10 kg Kieselsteine
- ca. 10 l Teicherde
- kleinwüchsige Wasserpflanzen und Seerosen
- ggf. Gitterübertöpfe
- für die Pflanzen
- evtl. große Steine oder Töpfe

1 Baue zuerst das Uferbeet in die Zinkwanne. Dazu trennst du mithilfe des Plastikstücks einen Teil der Wanne ab. Achte darauf, dass das Plastikstück etwas flacher ist als der obere Rand deiner Wanne. Damit deine Trennwand nicht umkippt, schüttest du links und rechts davon Kieselsteine in die Zinkwanne.

2 Nun befüllst du dein Uferbeet mit Teicherde. Pflanze deine Wasserpflanzen, falls du diese nicht schon so gekauft hast, in die dafür vorgesehenen Gitterübertöpfe. Anschließend setzt du die Pflanzen in dein abgetrenntes Uferbeet ein.

3 Flute die Zinkwanne nach und nach mit Wasser. Achte dabei darauf, dass die Teicherde nicht über die Trennwand schwappt. Das große Finale bilden deine Seerosen. Diese stellst du in den tieferen Teil deines Mini-Teichs. Sollten die Gittertöpfe der Seerose nicht den Wannenboden berühren, kannst du sie mithilfe eines umgedrehten Topfs oder großer Steine erhöhen.

Insekten-
HOTEL

Besonders im Frühling fängt es im Garten und in den Balkonkästen wieder so richtig zum Summen an. Damit sich die nützlichen Tierchen heimisch fühlen, kannst du ihnen einen praktischen Unterschlupf in Form eines Insektenhotels bauen.

MATERIAL

- Bambus, Schilf oder Strohhalme
- Sisalkordel oder Gummibänder
- Baumstamm, 1 m, Ø mind. 15 cm
- 2 Holzkisten
- 10 Nägel
- jede Menge dünne Äste

- Säge
- Schleifpapier
- Bohrmaschine
- Hammer

1 Verknote je 20–30 Bambusstangen mit Bändern aus Sisal oder Gummi zu fünf Bündeln und säge sie auf die Tiefe der Kisten zurecht. Stelle so zudem fünf Schilfbündel zu je 50–60 Röhrchen her. Jedes Rohr braucht eine zur Rückwand zeigende geschlossene Seite. Verschließe sie dazu mit Watte.

2 Nun sägst du die Baumstämme so, dass sie aufrecht stehend in eine quer stehende Holzkiste hineinpassen. Bohre in diese Blöcke unzählige Löcher, jeweils 2–9 mm breit und etwa 10 cm tief. Tiefer dringt der Frost meist nicht in das Holz ein. Wichtig ist, immer quer zur Faserung des Stamms zu bohren.

3 Stapele jetzt die Kisten so, dass die Öffnungen nach vorne zeigen und verbinde die Konstruktion mit Hammer und Nägeln. Stelle die Blöcke bzw. die Stämme mit den gebohrten Löchern nach vorne zeigend in die Kisten. Die Zwischenräume befüllst du mit kleineren Ästen oder Reisig. Am Ende ist immer noch genü-

gend Platz, um die zahlreichen Bündel aus Bambus und Schilf in den Öffnungen unterzubringen. Etwaige Löcher kannst du optional mit Baumrinde auffüllen. Abschließend wird dem Ganzen der Deckel in Form von Baumrinde oder sonstigem schützenden Material aufgesetzt.

Noch etwas Packpapier übrig? Auch für Blumengeschenke eignet sich Packpapier hervorragend. Nichts lenkt von den schönen Blumen ab. Perfekt für einen duftenden Lavendelstrauß aus dem eigenen Garten.

MATERIAL

* Lavendelsträußchen
* Packpapier
* Schnur
* Schere
* Aufkleber

1 Aus altem Packpapier zunächst ein kleines Rechteck schneiden, die Blumen darauf platzieren und anschließend die linke Seite einklappen.

2 Dann die untere Seite nach oben falten.

3 Nun die rechte Seite nach links und nach hinten falten. Das Ganze mit einer Schnur zusammenbinden und auf der Vorderseite einen kleinen Aufkleber anbringen.

Ranunkel-
REIFEN

Die dicht gefüllten und seidenartigen Blütenblätter der frühlingsblühenden Ranunkel gibt es in den schönsten Pastell- und Knallfarben. Eingerahmt von Eukalyptus und Wachsblume haben sie im weißen Hoop ihren großen Auftritt.

MATERIAL

- Bindedraht, grün
- Gartenschere
- Juteschnur
- Metallring, weiß lackiert, 30 cm Durchmesser
- papierummantelter Bindedraht, dünn
- Seitenschneider

PFLANZEN
- Eukalyptus, kleinblättrig, 2–3 Stiele
- Korallenfarn, 1 Stiel
- Ranunkel, verschiedene Blütenfarben, 7 Stiele
- Wachsblume, rosa, 1–2 Stiele

1 Der weiße Flower Hoop bildet die ideale Unterlage für die zarten Ranunkelblüten. Wachsblume, Eukalyptus und Korallenfarn sind kontrastreiche, aber nicht zu aufdringliche Begleiter. Gearbeitet wird mit (Papier-) Bindedraht, Gartenschere und Seitenschneider. Die Juteschnur dient als Aufhängung.

2 Binde zuerst die Eukalyptusstiele mit dem Papierbindedraht auf zwei gegenüberliegende Seiten des Hoops. Lass zwischen den beiden Stielenden am unteren Rand des Rings genügend Platz für die Ranunkelblüten. Die Stielspitzen des Eukalyptus fixierst du ebenfalls mit Draht.

3 Der starre Korallenfarn lässt sich ganz leicht teilen. Bündle einen Farnstiel zusammen mit einigen kurzen Seitenzweigen von der Wachsblume und binde alle zusammen unterhalb des Eukalyptusstiels fest. Auf der gegenüberliegenden Seite ergänzt du einen Farn mit nach außen weisenden Blättern.

4 Nun schneidet man die Ranunkelblüten mit der Gartenschere so knapp wie möglich am Stielansatz ab.

weiter geht's auf der nächsten Seite

5 Schneide vom Bindedraht etwa 10 cm lange Drahtstücke ab und forme sie zu einem U. Die beiden Drahtenden steckst du genau durch die Mitte der Ranunkelblüte. Das geht leichter, als es aussieht. Ziehe den Drahthaken vorsichtig nach unten fest, damit er vollständig im Blütenkopf verschwindet.

6 Die Ranunkelblüten steckt man dann mithilfe der Drahtbogen nacheinander auf den Ring. Verdrehe die beiden Drahtenden auf der Rückseite und drücke sie an den Ring – das genügt, um die Blüte zu fixieren.

7 Achte auf eine interessante Farbverteilung der Ranunkelblüten und schließe ihre Reihe mit der letzten Blüte.

8 Zum Abschluss befestigt man die Juteschnur als Aufhängung am Ring. Versetze sie etwas in Richtung Eukalyptus: Es gibt einen spannenderen Eindruck, wenn die Ranunkelreihe nicht genau mittig sitzt.

Tipp

Wenn du nicht alle Ranunkelblüten in deinem Reifen verarbeiten möchtest, kannst du sie auch zu einem hübschen Strauß binden und in dem bemalten Einschlagpapier (s. S. 58) gewickelt verschenken!

Kleine
FRÜHLINGSBOTEN

Frühlingserwachen im Mini-Format. Die kleinen Pflänzchen in der Eierschale sehen goldig aus und eignen sich einfach perfekt, um sie zum Osterfest an die Liebsten zu verschenken.

MATERIAL

- Eierschalen
- verschiedene Mini-Sukkulenten
- Kakteenerde
- Kressesamen

- kleine Schaufel oder Löffel
- Watte
- Eierkarton

SUKKULENTEN-EIER
Fülle etwas Kakteenerde in die Eierschale. Nimm dir eine kleine Sukkulente und drücke diese vorsichtig in die Erde.

KRESSE-EIER
Fülle etwas Watte in die Eierschale. Befülle das Ei mit Kressesamen und befeuchte die Samen anschließend mit Wasser. Stelle die Schale an einen warmen, hellen Ort. Nach 2–3 Tagen wird die Kresse sprießen.

VERPACKUNG
Lege die Eierschalen vorsichtig in einen Eierkarton. So lassen sich die Eier toll verschenken. Im Deckel des Eierkartons kannst du einen persönlichen Ostergruß unterbringen. Entscheidest du dich für die Kresse-Variante, ist ein österliches Rezept mit Kresse natürlich auch eine schöne Ergänzung zum bepflanzten Ei.

Vorlagen

Aus alt mach neu, S. 20

eat
me

Bestickte Frühlingspost, S. 28

HELLO
SPRING

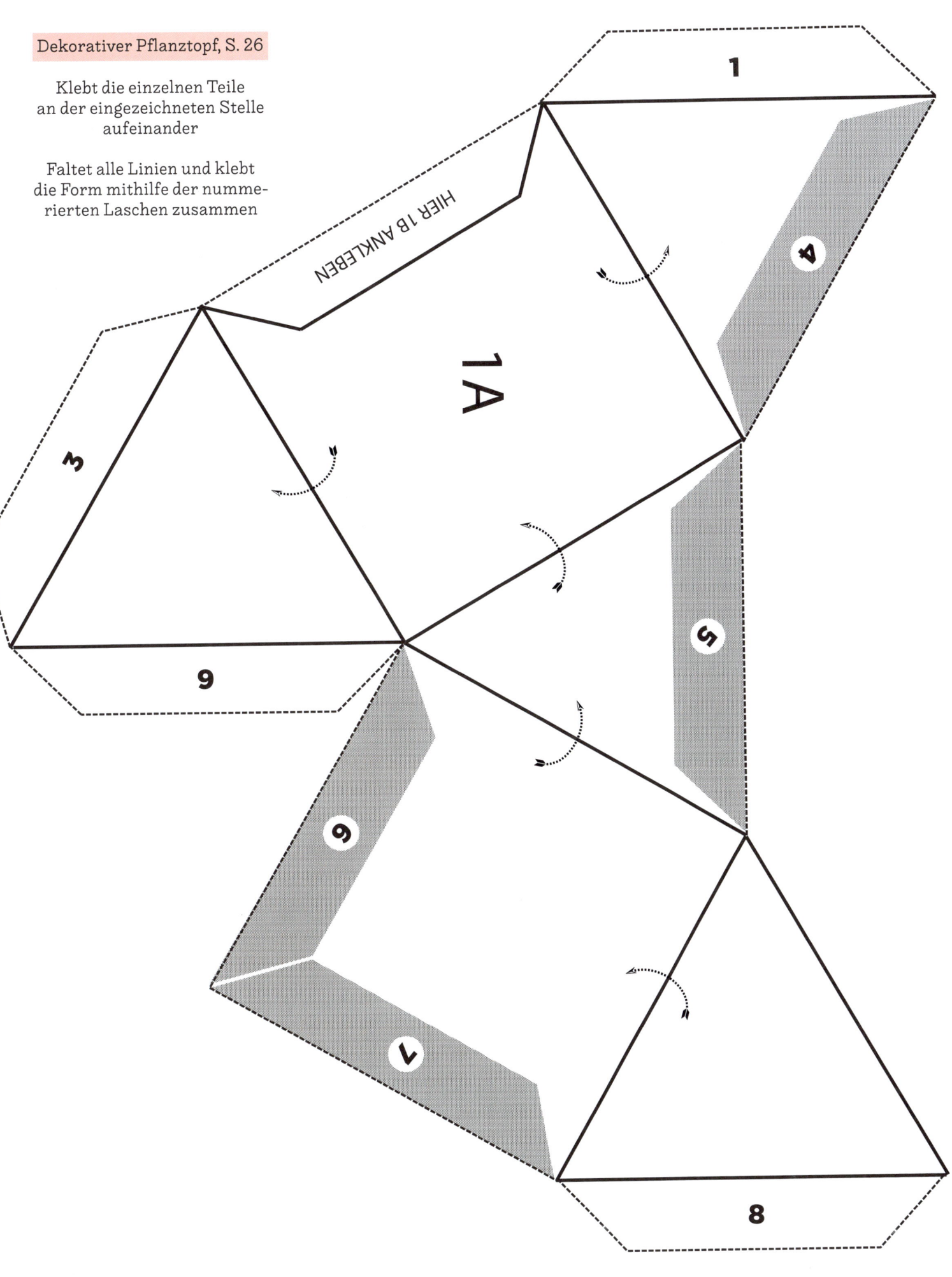

Dekorativer Pflanztopf, S. 26

Klebt die einzelnen Teile
an der eingezeichneten Stelle
aufeinander

Faltet alle Linien und klebt
die Form mithilfe der numme-
rierten Laschen zusammen

HIER 1B ANKLEBEN

1A

1

3

9

4

5

6

7

8

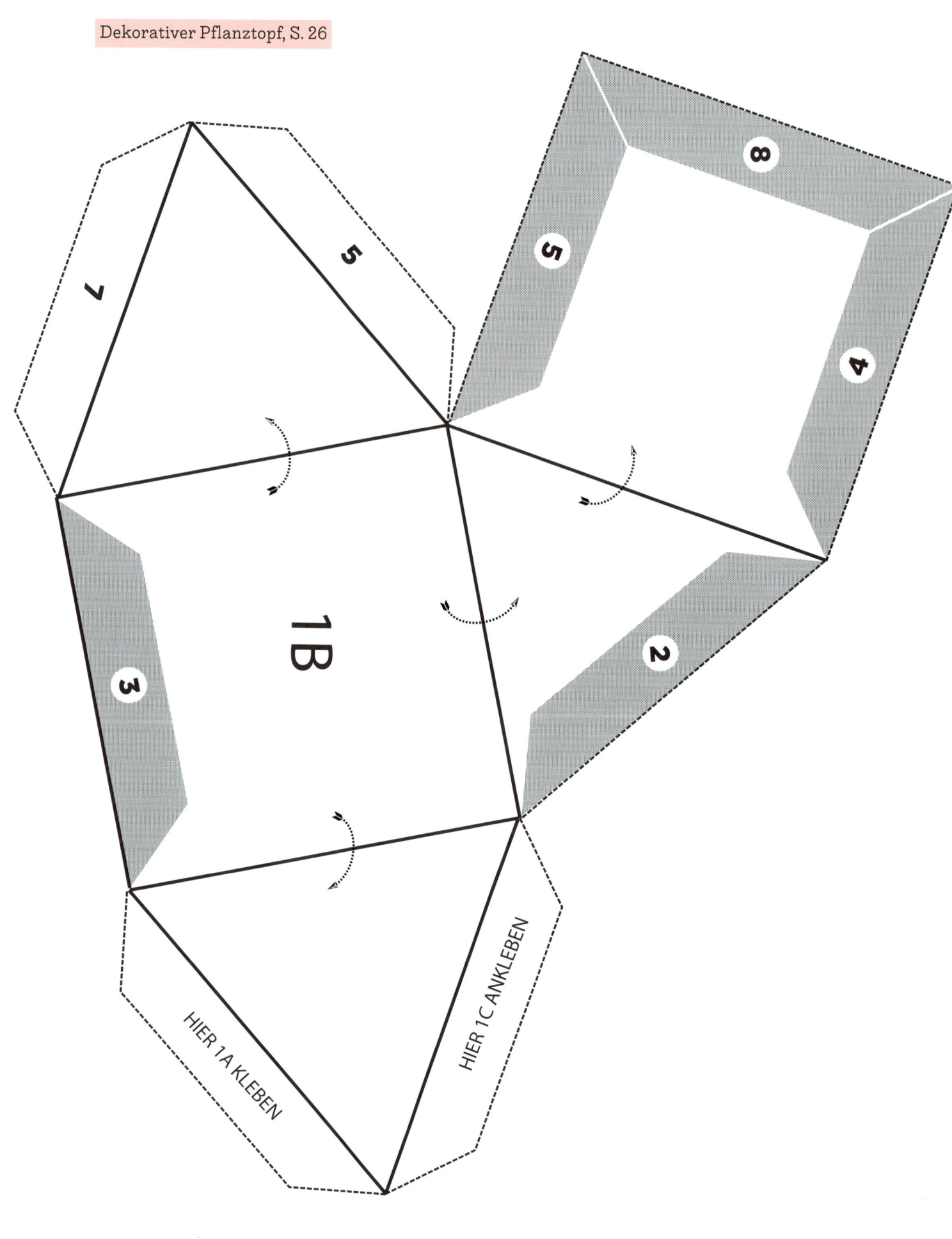